Frédéric Mercey

Les Arts en Angleterre

Beaux-Arts

 Le code de la propriété intellectuelle du 1er juillet 1992 interdit en effet expressément la photocopie à usage collectif sans autorisation des ayants droit. Or, cette pratique s'est généralisée dans les établissements d'enseignement supérieur, provoquant une baisse brutale des achats de livres et de revues, au point que la possibilité même pour les auteurs de créer des œuvres nouvelles et de les faire éditer correctement est aujourd'hui menacée. En application de la loi du 11 mars 1957, il est interdit de reproduire intégralement ou partiellement le présent ouvrage, sur quelque support que ce soit, sans autorisation de l'Éditeur ou du Centre Français d'Exploitation du Droit de Copie , 20, rue Grands Augustins, 75006 Paris.

ISBN : 978-1725674684

10 9 8 7 6 5 4 3 2 1

Frédéric Mercey

Les Arts en Angleterre

Beaux-Arts

Table de Matières

Les Arts en Angleterre 7

Notes 34

Les Arts en Angleterre

Horace Walpole, dans ses *Anecdotes de peinture*, s'attache à prouver l'antiquité de cet art en Angleterre. L'école anglaise proprement dite ne date cependant que du milieu du dernier siècle. Sans doute, de temps immémorial, les Anglais eurent des peintres et des statuaires nationaux, ou venus du dehors pour la plupart, et voués tous â l'imitation des artistes en vogue de l'Italie, de la Hollande, et même de a France. Nulle trace chez eux de cette originalité qui constitue une école. Ce n'est réellement que de 1740 à 1760 que l'Angleterre vit naître un art indigène. Quelques années plus tard, George III prêta l'appui de son assentiment royal au projet d'association que les artistes de Londres lui avaient présenté, et autorisa l'exhibition publique de leurs œuvres. A partir de ce moment, l'émulation se développa, les gens de talent ; se multiplièrent et formèrent une école nationale suffisamment caractérisée. Reynolds, Hogarth, Wilson, West et le paysagiste Gainsborough se placent successivement à sa tête, et donnent à l'art ce mouvement original, incomplet encore sous certains rapports, mais vif et énergique, qui caractérise les productions de la plupart de ces artistes, mouvement que Fliaxman et Chantrey dans leur genre, Lawrence, Willkie, Martin et Turner dans le leur, ont continué jusqu'à nos jours.

Sir Joshua Reynolds, qui présida le premier la nouvelle académie de peinture anglaise, et qui fut fait chevalier à cette occasion, peut être considéré, sinon comme le fondateur, du moins comme l'un des chefs les plus éminents de cette école nationale. Les peintures dont il décora le château de lord Egremont, à Petworth, sont dans leur genre le monument le plus considérable qu'aucun artiste de l'Angleterre ait produit, et sont de beaucoup supérieures aux prétendus chefs-d'œuvre dont John Thornhill a décoré les plafonds du château de Blenheim. Ce sont les *loges* et la *chapelle Sixtine* de la peinture anglaise. Le plus renommé des vingt tableaux de lord Egremont, le chef-d'œuvre de Reynolds, c'est sa grande composition de *la Mort du cardinal de Beaufort* ; cependant, abstraction faite de ses dimensions, ce tableau participe plutôt du genre anecdotique que du genre historique. *La Mort du cardinal de Beaufort* et la *Strawberry-girl, la Jeune fille à la fraise*, sont les seuls morceaux où sir Joshua Reynolds se soit montré aimable et puissant coloriste. Il y a surtout dans la tête de la jeune fille pensive de ce dernier tableau de ces tons dorés, de ces demi-teintes suaves d'une admirable transparence, qui rappellent à la fois l'école vénitienne et l'école flamande, mais plus particulièrement l'école vénitienne, dont Reynolds, comme la plupart des peintres anglais, avait fait une étude consommée. Sir Joshua Reynolds a frayé la route à sir Thomas Lawrence, son élève. Il est, et bien involontairement, le promoteur de la méthode *heurtée* et négligée, dite à la Rubens, que les artistes de l'Angleterre affectent surtout aujourd'hui.

Benjamin West succéda à Reynolds dans la direction de cette Académie de peinture de Londres, dont l'influence sur l'école anglaise a été, sinon fâcheuse, du moins nulle [1]. Il est difficile de réunir au même point qu'il l'a fait dans la plupart de ses tableaux la simplicité et l'affectation, la négligence et la recherche. Tout chez lui est légèrement outré, même la naïveté et le naturel. Benjamin West est un peintre de la force de Rattoni, de Rottari, d'Angelica Kaufmann, et de tant d'autres artistes si prônés vers la fin du dernier siècle. On reconnaît facilement ses tableaux à la longueur disproportionnée des figures, surtout dans les sujets graves et religieux. West a été plus heureux dans ses marines et ses tableaux de batailles. Le *Combat de la Hogue* et la *Mort de Wolff* sont, dans ce genre, des œuvres d'un véritable mérite ; la Mort de Nelson leur est bien inférieure. Ajoutons néanmoins que les gravures de ces tableaux sont de beaucoup préférables aux originaux. Ces tableaux, qui font partie de la collection de lord Westminster, ont rendu West populaire, même chez les Français ; ils prouvent que, si cet artiste se fût spécialement adonné à la peinture anecdotique et aux tableaux de marine et de bataille, il y eût excellé. *Le Christ guérissant le paralytique*, qui fut payé par les fondateurs de la galerie nationale la somme énorme de trois mille livres sterling, et *la Cène* donnent la mesure la plus complète de West comme peintre religieux. C'est un talent du troisième ordre.

Si Hogarth avait su peindre, nous l'aurions placé en tête des fondateurs de l'école anglaise, mais ses tableaux sont d'un coloris gris et plâtreux on ne peut plus déplaisant, sa touche a quelque chose de baveux et d'indécis qui repousse. Ses compositions, comme les marines de West, ont donc besoin d'être traduites par la gravure. Hogarth, en effet, n'a de valeur que par la pensée, toujours philosophique, ingénieuse et puissante. Nul n'a pénétré aussi profondément que lui dans les entrailles d'un sujet, et n'a su tirer un plus admirable parti des contrastes. Un détail insignifiant, un vulgaire accessoire, lui suffisaient souvent pour établir une moralité profonde. Par exemple, dans *le Mariage du fils de famille ruiné avec une vieille femme riche*, la large fêlure qui traverse la pierre où les commandements de l'église sont inscrits, et qui partage en deux celui qui prescrit la fidélité aux époux, fait peut-être mieux comprendre quelles doivent être les conséquences d'une semblable union, que l'air quelque peu moqueur avec lequel le fiancé passe l'anneau au doigt de sa prétendue décrépite. Hogarth veut-il, dans ce même tableau, railler en passant l'égoïsme et le peu de charité des assistants, il couvre le tronc des pauvres d'une toile d'araignée poudreuse et intacte. Sa *Maison des Fous* n'a sans doute ni la terrible énergie, ni l'aspect de sauvage désolation du tableau de l'Allemand Kaulbach, mais la composition du peintre anglais se fait remarquer par des nuances d'une délicatesse plus intime et d'une vérité plus frappante. Kaulbach n'eût jamais imaginé le regard du fou mélancolique, ni l'attitude des deux femmes folles, l'une par amour, l'autre par coquetterie.

Hogarth excellait également dans la satire burlesque, il lui conservait, comme dans ses autres compositions familières, cette intention de moralité qui manque trop souvent au genre. C'est ainsi que, dans son tableau des *Comédiens ambulants*, il ne s'est pas attaché seulement à rendre le côté plaisant du sujet ; il a voulu montrer aussi tout ce que la gaieté apparente et le luxe d'emprunt des comédiens cachaient de misère et de pauvreté réelle. La troupe est rassemblée dans une mauvaise grange. Non loin de la déesse de la nuit, représentée par une négresse faisant des reprises aux bas troués de Junon, qui trône dans une brouette, Flore, placée devant un miroir cassé, lisse sa chevelure avec un morceau de suif. Apollon se sert du bout de son arc pour décrocher de mauvaises chaussettes qui sèchent sur un nuage de carton, et qu'un amour ailé, grimpé sur une échelle, n'a pu atteindre. Dans un coin du tableau, l'aigle de Jupiter donne de la bouillie à son enfant, qui, à l'aspect de l'étrange costume de sa mère nourrice, est saisi de terreur et pousse des cris effroyables. Le poêlon à la bouillie est placé sur une couronne, près d'un vase de nuit, entre la mitre d'un pape et des chandelles fichées dans un morceau de glaise. Il faudrait des volumes pour analyser l'œuvre variée de ce moraliste si profond et si amusant. Quel malheur que ce singulier génie ait négligé la partie technique de son art, et n'ait pas su peindre comme un Teniers, un Terburg ou un Van-Ostade ! Nos plaisirs eussent été doublés.

Beaucoup de critiques, même chez les Anglais, montrent pour Flaxman un dédain que nous avons peine à comprendre. Ils affectent de ne voir en lui que le dessinateur des poteries de Wedgewood, et, comme statuaire, ils rabaissent son talent au second ordre : son plus grand mérite, disent-ils, est d'avoir précédé Canova. Ce mérite est rare sans doute, mais Flaxman, que Canova appréciait à sa juste valeur, tout en l'étouffant sous sa gloire et sa popularité, Flaxman a possédé certaines qualités qui manquèrent au statuaire italien. Il comprit plus parfaitement l'antique, et appliqua, avec une aisance infinie, le style le plus grand et le plus fier aux compositions les plus restreintes. Ses magnifiques esquisses affectent toutes le bas-relief. C'est le modèle le plus parfait de la composition plastique. Dans l'occasion, l'expression tragique ne lui fit pas non plus défaut. Flaxman est à la fois l'André Chénier et l'Alfieri de la statuaire.

Le génie véritable a de tous temps été bien rare. C'est à tort que de nos jours la critique s'évertue à fouiller dans les ténèbres du passé pour en tirer quelques célébrités déchues et replacer fastueusement sur le piédestal d'où le temps les a précipités des simulacres oubliés. Ses efforts arrivent tout au plus à redonner à de prétendus immortels quelques heures d'une vie factice. Une notice ingénieuse et savante, un paradoxe, quelque brillant qu'il soit, ne feront jamais qu'un homme ordinaire soit un grand homme. Le génie vit par lui-même et non par le bruit qu'on peut faire autour de lui. La médiocrité seule a besoin de ces coups de galvanisme pour se grandir et surprendre un moment l'admiration de la foule. Nous réduirons donc de beaucoup la liste de peintres illustres dont Allan Cunningham [2], le Vasari de l'Angleterre, et Horace Walpole [3], le chroniqueur ingénieux des arts, ont fait honneur à leur pays. Si nous ajoutons en effet quelques noms à ceux qui précèdent, nous n'aurons oublié aucun de ces peintres *éminents* de l'Angleterre dont les biographies remplissent, avec celles de beaucoup d'autres peintres d'un mérite fort douteux, les cinq volumes d'Allan

Cunningham.

Cet historien de l'école anglaise remonte, sans doute, un peu haut dans ses investigations du passé. Ainsi il prétend que, lorsque César débarqua sur les côtes de la Grande-Bretagne, il y trouva les arts en honneur et familiers à ses habitants. Il est vrai que, sans entrer dans aucun détail sur ces époques primitives de l'art, Allan Cunningham passe fort brusquement de l'époque de César à celle de Hogarth, citant seulement, dans l'intervalle, quelques noms qui appartiennent plutôt encore à l'Allemagne et à la Hollande qu'à l'Angleterre, Holbein et Van-Dyck par exemple. A ces inexactitudes près, l'ouvrage de Cunningham est intéressant, mais seulement comme recueil de biographies. L'analyse qu'il fait des compositions de ses *illustres* compatriotes est toujours un peu vague, et l'horizon de sa critique est fort borné. Allan Cunningham traite de l'art isolément, négligeant l'étude des époques où il a fleuri et des circonstances qui peuvent avoir aidé à ses développements. Il ne paraît pas avoir compris qu'un grand peintre doit être autre chose qu'un ouvrier habile ; qu'il doit être en quelque sorte le miroir moral de son époque, l'interprète éloquent de la pensée religieuse, philosophique ou même politique de la génération contemporaine.

Parmi les artistes dont Allan Cunningham cite les noms avec complaisance, il en est un qui, vers la fin du dernier siècle (1741-1806), a joui en Angleterre d'une singulière popularité, et dont aujourd'hui, à la vue de ses compositions, toutes colossales qu'elles soient, on a peine à s'expliquer le succès. C'est du peintre d'histoire Barry que nous voulons parler. Barry a décoré de grandes peintures le local de la Société d'encouragement des Beaux-Arts à Londres. L'espace couvert par ses compositions ne comprend pas moins de cent quatorze pieds de long sur douze de haut. Barry, dans ses compositions, s'est proposé de mettre en action, au moyen d'épisodes allégoriques, les théories des philosophes qui subordonnent le bonheur de l'individu, et, par suite, la prospérité nationale, au développement le plus complet de ses facultés morales. Dans ce but, il a divisé en six compartiments le grand espace qu'il avait à couvrir, et il a rempli chacun de ces compartiments des sujets qu'il a jugé les plus propres à bien exprimer son idée. Ainsi, dans un premier tableau, il a représenté l'homme dans l'état de nature, en proie à toutes les misères et à toutes les nécessités de la vie, invité par Orphée à jouir des bienfaits de l'état de société. Dans le second, l'homme, déjà policé, offre un sacrifice à Cérès et à Bacchus. Dans le troisième, l'artiste nous fait assister aux jeux olympiques. Dans le quatrième, il déroule à nos yeux le triomphe de la navigation, figurée nécessairement par la nymphe de la Tamise. Dans le cinquième, la société des arts distribue ses encouragements. Dans le sixième enfin, nous sommes transportés aux champs élyséens, où les dernières et les plus magnifiques récompenses sont accordées à l'homme qui s'est illustré par son talent. Le poème de Barry est, on le voit, presque tout mythologique. L'exécution ne sauve pas ce que ces allégories ont de vulgaire et de rebattu. L'artiste anglais semble avoir négligé de propos délibéré toute étude sérieuse de l'art antique ; sous ce rapport, il est fort inférieur à nos peintres mythologiques du commencement du siècle, à David et à ses disciples ; eux du moins avaient soulevé un coin du voile.

Comme chez les artistes de l'école française du XVIIIe siècle, artistes si singulièrement exaltés par Diderot, qui prêtait à leurs fades conceptions l'éclat de sa brillante imagination, les demi-dieux et les héros de Barry sont tout-à-fait de fantaisie, souvent même tout-à-fait anglais. Ses prétendus sauvages ont ramé, sur la Tamise ou boxé dans le Strand, ses blonds coureurs ont chevauché à Hay-Market et à Epsom, et ses déesses à la taille svelte, aux yeux bleus et au long col, sont les sœurs puinées d'Édith au col de cygne. A part quelques attributs et quelques ajustements d'une vérité plus ou moins contestable, l'intelligence de l'art grec et de l'antique paraît tout-à-fait manquer à l'auteur de ces vastes machines, où tout semble composé ou exécuté de convention, d'après des modèles choisis au hasard dans le monde où il vivait. La science et l'éclat du coloris, l'adresse de l'exécution, ne rachètent pas ce que l'ensemble a d'incomplet et de faux. La fougue splendide d'un Rubens, l'éblouissante richesse d'un Paul Véronèse, peuvent seules rendre tolérables ces anachronismes et cette absence d'études. M. Barry est loin de rappeler Rubens ou Paul Véronèse ; il paraît tout aussi étranger à l'abstraction et à la rigueur allemandes ; son œuvre, en un mot, nous semble inspirée par cette vague et confuse imitation de l'antiquité que les Cignani et les Batoni importèrent du théâtre dans leurs ateliers et qui signale la décadence de l'école italienne.

Il y aurait une curieuse comparaison à établir entre ces peintures

Les Arts en Angleterre

de Barry et la grande composition dont M. Paul Delaroche a décoré naguère l'hémicycle de l'École des Beaux-Arts. Mettant à part tout vain amour-propre national, nous devrons toutefois reconnaître que la comparaison serait tout à l'avantage de l'artiste français. La clarté, l'élégance, la convenance et la précision, ces qualités de l'école française, se rencontrent à un degré éminent dans le tableau de M. Delaroche, représentant assez fidèle du génie de cette école sous ses faces les plus populaires. M. Barry n'a pas même ce genre de mérite. L'école anglaise de son temps était vouée à l'imitation et manquait d'un caractère qui lui fût propre. Les peintures de M. Barry se ressentent de ces tendances indécises ; elles n'ont ni originalité ni accent. La distinction, qui ne remplace pas le génie, mais qui du moins classe une œuvre, la distinction, qui plus encore qu'une contestable originalité a placé si haut l'école allemande contemporaine, ne relève pas chez lui, comme chez tels peintres de Munich ou de Dusseldorf, l'impropriété des types, la fadeur des allégories, l'obscurité des symboles.

N'ayant pour mobile ni la tradition religieuse, brusquement interrompue par la réforme, ni l'exaltation métaphysique, inconnue à la nation anglaise, tout autrement positive que la nation allemande, l'art, cri Angleterre, a dû surtout sacrifier à la fantaisie et au caprice. Les peintres anglais se sont, en effet, attachés à reproduire soit les chants des poètes, épopées antiques, drames ou ballades modernes, soit les épisodes de la vie réelle, soit même, à défaut d'autres inspirations, les scènes de la nature inanimée dans leur majestueuse magnificence ou dans leur simplicité native. Abstraction faite de l'idée religieuse commune à tous les peuples de l'Italie, l'art anglais a donc une analogie des plus marquées avec l'art vénitien. Il a dû préférer l'éclat du coloris à la pureté de, la forme. Il s'est également soumis aux influences voisines de l'école hollandaise. Avant tout, il a donc été imitateur. Titien, Rubens et Rembrandt sont les trois grands guides de l'école anglaise contemporaine. Les artistes anglais n'ont pu, comme ceux de l'Italie, couvrir d'images consacrées les murs des saints édifices et jeter tour à tour dans l'âme des peuples l'adoration ou la terreur. Ils n'ont point tenté, comme en Allemagne, de reproduire et de populariser des symboles. Nul rival de Schwanthaler n'a songé, sur les bords de la Tamise, à traduire dans des frises théogoniques les systèmes de panthéisme d'un Schelling. L'histoire du moyen-âge, mais surtout l'histoire anecdotique, Shakespeare, les poètes contemporains et le spectacle de la nature ont particulièrement inspiré les peintres de la Grande-Bretagne. Sous ce rapport, l'école anglaise s'en est encore tenue à l'imitation.

Des deux modes d'imitation que l'art peut se proposer, l'imitation précise ou prosaïque, et l'imitation large et poétique, les artistes anglais ont de préférence adopté le dernier. Ceux qui se sont occupés de théorie, comme Reynolds, Hogarth, Westmacott et Howard, se sont accordés, il est vrai, pour recommander l'imitation de l'antique et prêcher les pures doctrines classiques ; mais, quand il s'est agi de produire, les docteurs semblent avoir complètement mis en oubli leurs préceptes rigoureux, et n'ont souvent écouté que les caprices de l'imagination la plus fantasque. En peinture, il faut, à l'aide de moyens en apparence fort bornés, non-seulement faire saillir les corps d'une surface plane et donner à chaque objet les dimensions voulues ou *la forme* ; il faut encore lui donner la vie, c'est-à-dire la couleur, l'expression et le mouvement. Les artistes anglais n'ont envisagé l'art que sous ce seul et dernier point de vue, et le mépris de quelques-uns, parfois des plus renommés, pour la forme, est souvent porté si loin, qu'ils s'attachent à reproduire, à exagérer même le mouvement et la vie de leurs personnages, à faire parler leurs yeux, penser leurs fronts, palpiter leurs poitrines, tout en oubliant de donner à leurs membres les proportions de la nature. Par suite d'un laisser-aller analogue, vous les voyez brillamment *toucher* un objet accessoire, forçant le relief de certaines parties, laissant toutes les autres dans le vague et souvent à peine indiquées, ne donnant au cercle qu'un seul arc et un seul rayon, et que deux dimensions au solide.

Cette tendance à l'imitation et ce mépris si prononcé pour la forme et la précision ont condamné l'école anglaise à n'occuper qu'un rang secondaire, quel que soit d'ailleurs le mérite des hommes dont elle s'enorgueillit. Si la couleur attire, si l'action attache, la pureté du dessin et la beauté de la forme peuvent seules prétendre à un succès durable ; or, depuis quarante ans, que de peintres ont été tour à tour prônés et oubliés par la foule ! Le patronage des gens riches, à défaut de celui de l'état, les secondait, l'opinion les exaltait ; la plupart ne manquaient ni de puissance d'imagination ni d'originalité, et cependant ils n'ont pu atteindre au premier rang, s'y établir et fixer les sympathies du public. Ce qui leur a manqué, c'est une direction plus rigoureuse au début, c'est la science du dessin, qui ne s'acquiert qu'à force d'observations et d'études, c'est la conscience, c'est la sévérité envers soi-même, ce sont enfin des juges moins distraits ou moins indulgents que ne le sont d'ordinaire les critiques anglais.

Hogarth expliquait d'une autre façon l'infériorité des artistes ses devanciers et ses contemporains : il prétendait que, si les Anglais n'avaient pas mieux réussi en peinture, c'était à leur bon sens qu'il fallait attribuer ce peu de succès. Sir Thomas Lawrence s'égayait fort de cette gasconnade de Hogarth, rapportée far Horace Walpole, et nous l'avons entendu discuter d'une manière très piquante le plus ou moins de vérité de cette tranchante assertion. Il avouait franchement que cet abus du bon sens ne lui paraissait pas avoir laissé de traces bien profondes dans les œuvres de l'école anglaise. Nous l'avions cru sur parole ; depuis, nous avons pu voir, et nous dirons hautement qu'aucun des tableaux de cette école ne nous a paru pécher par excès de bon sens. L'exagération et la bizarrerie prétentieuse nous semblent au contraire les défauts les plus saillants des peintres anglais. Hogarth lui-même, quand il a voulu sortir de ses compositions familières, donne dans certains travers bien différents de ceux qui proviennent de cette médiocrité raisonnable qui accompagne l'excès de bon sens. Les peintres postérieurs à Hogarth, ceux même qui, vers le commencement du siècle, relevèrent l'école anglaise d'une décadence prématurée, et qui plus tard, de 1815 à 1830, illustrèrent une époque que les Anglais proclament la grande période de l'art anglais, pèchent surtout par l'absence de ce bon sens si funeste. MM. Wilkie, Martin, Bonington, Fielding, Turner et Lawrence lui-même, parmi les peintres ; MM. Chantrey, Gibson et Westmacott, parmi les statuaires, ont laissé des ouvrages qui vivront ; la plupart ont fait preuve de talent extraordinaire et quelquefois de génie : pourrait-on néanmoins citer parmi ces artistes un de ces hommes vraiment complets, un rival des grands peintres qui ont illustré l'Italie ou la France ? Non sans doute, et ce qui a manqué à chacun d'eux, n'est-ce pas surtout cette sage entente de la composition, cette persévérance et cette rigueur dans la recherche de la forme, cette modération dans les moyens, cette profondeur et cette clarté d'interprétation, qui distinguent les artistes supérieurs des grandes écoles, et qui ne sont après tout qu'une heureuse application du bon sens à l'art ?

En peinture, rien par sauts, *nihil per saltum* : cet axiome fondamental de la doctrine des maîtres italiens ne paraît pas jouir d'un grand crédit auprès des artistes d'outre-mer ; ils aiment à procéder par contrastes et par oppositions. Tout chez eux est heurté : effet, couleur et composition. Les peintres de genre et les paysagistes ont encore exagéré ces défauts de l'école. MM. Turner, Martin, Constable, Bonington et Danby, peintres essentiellement anglais, et remarquables chacun par d'éminentes qualités, n'ont que trop souvent procédé d'après ce système expéditif et cavalier, jetant leurs personnages par groupes à peine indiqués, découpant les noirs sur de grands clairs, posant la couleur par plaques comme dans une sorte d'ouvrage à facettes, et diaprant leurs toiles de touches heurtées jusqu'à l'insolence. Cet exemple des chefs a été singulièrement préjudiciable au troupeau des imitateurs. Ils ont dû nécessairement abuser de la bonne volonté que montrait le public à se contenter de l'à peu près, et de l'empressement que mettaient les amateurs à couvrir d'or des esquisses dont le plus grand mérite était de flatter servilement le goût dépravé du jour. En Angleterre, l'engouement et la tyrannie de la mode s'appliquent aux beaux-arts comme à tout ; il faut obéir à ses caprices si l'on veut, je ne dirai pas prospérer, mais vivre. Le nouveau style, que l'on a plaisamment appelé le style éclaboussé, étant aujourd'hui en grande faveur auprès de la foule, l'art, pour un certain nombre d'adeptes, n'a plus été qu'un métier de convention, consistant à étendre sur une certaine surface de toile de grandes zones coloriées formant un fond plus ou moins harmonieux où il était difficile, sinon impossible, à moins d'être initié, de démêler des formes et un contour. Ces artistes croyaient imiter le faire de Rubens dans ses magnifiques esquisses, mais une énorme distance sépare les compositions les plus informes de ce grand maître, ces débauches d'un grand coloriste, débauches pleines de science et de génie, de ces placages ridicules, de ces éblouissants barbouillages, dont les coryphées de la mode tapissent aujourd'hui les murailles des galeries de *Pall-Mall*, de *Suffolk-Street*, de *Bond-Street*, et même de *Somerset-House*.

Si l'on jugeait de la valeur et de la capacité d'un peuple en fait d'art d'après la quantité des produits, les Anglais mériteraient la palme en ce genre. Londres, en effet, n'a pas moins de cinq exhibitions annuelles d'ouvrages d'art : trois pour les peintres à l'huile, deux pour les peintres à l'aquarelle [4]. La plus considérable de ces expositions est celle dite de l'Académie royale, qui a lieu en mai à Somerset-House. On n'y admet que des ouvrages inédits d'artistes vivants, peintres, dessinateurs, graveurs et statuaires. Une commission composée de membres de l'Académie royale est chargée de l'examen, de la réception et du placement des ouvrages présentés. Des plaintes, des récriminations nombreuses, ont dû nécessairement s'élever contre cette espèce de jury. Le mécontentement des artistes sacrifiés a fini même par se traduire en actes et a donné lieu, vers 1805, à l'établissement de l'*Institution britannique*, dans Pall-Mall, puis, en 1823, après de nouveaux dissentiments ; à la fondation de la *Société des artistes anglais*, dans Suffolk-Street. Les nombreux et puissants dissidents qui prêtèrent leur appui à cette dernière fondation se sont efforcés, par les développements matériels qu'ils lui ont donnés, de surpasser tout ce qui avait été fait jusqu'alors dans le même genre. Le salon d'exposition, éclairé d'en haut, n'a pas moins de sept cents pieds de long, tandis que la galerie de l'Académie royale n'a que quatre cents pieds, et celle de l'Institution britannique, trois cent trente pieds seulement. Mais, comme on est très facile sur l'admission des ouvrages présentés et qu'un bureau pour la vente des morceaux exposés a été joint à cet établissement, l'exhibition de Suffolk-Street n'est plus aujourd'hui qu'une sorte de grand bazar ouvert aux diverses productions de l'art [5].

Les dernières expositions de Somerset House et de Pall-Mall présentaient, en abrégé et d'une manière assez fidèle, la situation de l'école anglaise contemporaine. MM. Daniel Maclise, Haydon, Landseer, Turner, Rothwel et Baily, ainsi que la plupart des artistes jouissant de quelque renom, y avaient envoyé des échantillons de leur savoir-faire. MM. Maclise, Haydon et Landseer ont eu les honneurs de la saison. M. Maclise avait exposé un *Hamlet* qui a enlevé les suffrages du public, mais auquel les connaisseurs ont reproché de rappeler beaucoup trop le théâtre et pas assez Shakespeare. L'expression, l'attitude et l'ensemble de la composition ne manquaient ni de puissance ni d'énergie, mais cette énergie paraissait plutôt le résultat de certaines combinaisons ingénieuses et d'une sorte d'exagération apprêtée que de ce sentiment juste de la nature, de cette richesse et de cette vigueur d'imagination qu'on appelle le génie.

M. Daniel Maclise est cependant le représentant le plus fidèle de l'école historique anglaise, ou, pour parler plus exactement, de l'école du genre historique, car les Anglais n'ont pas de peintres d'histoire dans l'acception que nous donnons à ces mots. Rien par-delà le détroit qui rappelle, même d'une manière éloignée, les *Horaces* de David, le *Brutus* de Lethière, le Marcus Sextus de Guérin, la *Mort de César* de M. Court, ou, même dans une sphère différente, l'*Élisabeth* de M. Delaroche, le *Massacre de Scio* de M. Delacroix, ou la *Bataille de Fontenoy* de M. Horace Vernet. Les peintres anglais recherchent les détails de l'histoire, ses petits effets, de préférence à ces grandes scènes que beaucoup de nos peintres se sont attachés à reproduire ; ou, s'ils font choix de quelqu'un de ces mémorables sujets propres à émouvoir un esprit sérieux et à donner à l'humanité de ces hautes et terribles leçons dont parle l'orateur sacré, ils semblent s'appliquer à le rétrécir, à le réduire aux dimensions bourgeoises de l'anecdote, et cela autant par la manière de concevoir que par la façon dont ils exécutent. Que par exemple ils aient à peindre la mort de Socrate, ils négligeront le côté philosophique du sujet pour s'occuper de la partie matérielle, songeant à reproduire fidèlement le costume, à combiner plus ou moins heureusement les nuances du coloris, et à répandre sur l'ensemble de la composition quelque brillant effet de clair-obscur plutôt qu'à nous montrer l'homme et à nous faire lire dans son ame. Ils éblouissent sans toucher.

Je me rappelle un tableau de M. Maclise que l'on pourrait offrir comme le spécimen le plus complet de la prétendue peinture historique des Anglais. Ce tableau représente le vœu du paon (*the vow of the pea-cock*), c'est-à-dire le serment que, dans certaines occasions solennelles, les chevaliers prêtaient sur un paon. Cette composition de M. Maclise produisit lors de son apparition une sensation extraordinaire, et obtint un véritable succès d'enthousiasme. La singularité des attitudes, toujours un peu maniérées, mais ne manquant ni d'une certaine grâce leste et aristocratique qui n'est cependant pas la noblesse, ni d'une apparence de fierté qui simule l'énergie ; le naturel un peu apprêté des expressions, la richesse, la variété, la bizarrerie même des costumes, la profusion des accessoires, la recherche et le brillant de l'effet calculés avec cette précision mathématique et rendus avec ces combinaisons de clair-obscur et tous ces procédés familiers aux peintres anglais, qui séduisent au premier aspect, mais, qui donnent à la longue à leurs compositions les plus vastes l'apparence d'immenses vignettes : tout dans ce tableau devait plaire à un public anglais, dont le goût, les caprices, les préjugés même en fait d'art, se trouvaient flattés du même coup. Aussi, depuis la mort de Wilkie, M. Maclise partage-t-il avec MM. Haydon, Eastlake et Landseer, les sympathies de la foule, les éloges de la critique et les honneurs de la priorité.

MM. Haydon et Eastlake ont fait tous deux une étude particulière des maîtres de l'école vénitienne. M. Eastlake s'est surtout attaché au Giorgion. Il lui a emprunté avec assez de bonheur le ton de ses carnations transparentes et dorées, ses costumes riches et cependant d'une couleur vigoureuse, propres à faire ressortir l'éclat des chairs, ses fonds de paysage d'un style élevé et si puissamment colorés. M. Eastlake s'est naturellement attaché à reproduire divers sujets de l'histoire italienne du moyen-âge. La *Fuite de François Novello*, seigneur de Padoue, et *Gaston de Foix* avant la bataille de Ravenne, sont peut-être ses meilleures productions.

Les études spéciales et approfondies que M. Haydon a faites de la couleur ne l'ont cependant pas entraîné, comme il arrive d'ordinaire, à négliger l'expression et l'action ; on peut même reprocher à cet artiste de les outrer quelquefois en cherchant à les trop bien caractériser. En effet, quand M. Haydon se propose de mettre en scène un personnage, il ne se contente pas d'étudier sa vie publique et sa vie privée ; il s'applique à le juger, il veut l'aimer ou le haïr, et l'on reconnaît toujours, à la manière dont le personnage est *individualisé* et à l'énergie de l'expression que le peintre lui a donnée, qu'il ne lui était pas indifférent. L'intérêt y gagne peut-être, mais la vérité historique n'y trouve pas toujours son compte. Cette critique est surtout applicable au dernier tableau de M. Haydon *Marie, reine d'Écosse*. Cet admirable souvenir de l'école vénitienne comme coloris, intéressant au plus haut degré comme drame, pèche surtout par ce manque d'impartialité historique, défaut commun à toutes les productions de M. Haydon. Ajoutons maintenant qu'il est déplorable que des hommes aussi distingués par leur talent que MM. Eastlake et Haydon se laissent si facilement aller à l'imitation.

Il n'a manqué à M. William Hilton pour se placer à côté de MM. Haydon et Eastlake, et peut-être pour leur être supérieur, qu'un peu plus de confiance en lui-même et un goût moins prononcé pour des sujets quelquefois repoussants. M. Hilton a peint une *Edith au col de cigne* (*Edith swan, necked*), comme M. Horace Vernet, mais il n'a cherché que le côté terrible et presque dégoûtant du sujet. Il a composé un *Massacre des Innocens*, où, songeant plutôt à effrayer qu'à toucher, il s'est encore montré le peintre ingénieux de l'horrible. M. Hilton est du très petit nombre des peintres anglais qui se sont sérieusement occupés du dessin et qui recherchent la précision. Ayant eu souvent l'occasion de peindre des sujets religieux pour des églises catholiques, il a dû étudier les maîtres italiens, et l'on s'en aperçoit.

L'Angleterre est peut-être le pays de l'Europe où le goût, je dirai même la passion pour les animaux, a été poussé le plus loin. Que de gens préfèrent leur *terrier* ou leur *lap dog* à leur ami ! que d'autres sont plus attachés à un beau cheval qu'à leur maîtresse ! Partout on a perfectionné les races ; les écuries sont des palais, les basses-cours des objets de luxe, et les bêtes ont des protecteurs officieux et des avocats.... qu'elles ne paient pas. Il ne faut donc pas s'étonner si dans le pays de la *société humaine* un grand nombre de peintres se sont attachés à représenter l'image de ces intéressantes créatures, de préférence à celle de l'homme. Pour le commun des artistes, cette branche de l'art a dû nécessairement se spécialiser et tourner à l'industrie. Tel a adopté les chevaux, tel autre les chiens, tel autre les chats. Parmi les chevaux, l'un ne peint que des chevaux de brasseurs, l'autre ne représente que des chevaux de luxe. Tout ce commerce se fait avec peu de conscience. Quelques artistes cependant ont élevé ce genre secondaire jusqu'à la hauteur de l'art. Tels sont MM. Davis et Cooper. Un homme enfin, M. Edwin Landseer, a su faire preuve d'extrême talent, d'esprit, de génie même, en un mot se montrer grand artiste en ne peignant que des animaux. M. Landseer a donné aux bêtes cette âme qu'on leur avait refusée. C'est le La Fontaine de la peinture ;

sur sa toile, il fait agir les bêtes comme le fabuliste les fait parler. Il comprend leur caractère, leurs passions, leurs petits calculs de coquetterie, de gourmandise, de paresse même, et sait exprimer jusqu'aux nuances les plus délicates de leurs sentiments, jusqu'au pathétique de leur silence. On nous assure que plus d'une fois on a vu de bonnes gens s'essuyer les yeux devant son tableau de la cane veuve de son canard. Son magnifique *chien de Terre-Neuve, distinguished member of the human society*, avait cette éloquence d'attitude et d'expression que lui seul a su rencontrer. Il suffisait de contempler un moment ce noble animal qui méritait si bien le nom que le peintre lui avait donné, pour l'aimer et vouloir le caresser. M. Landseer aime, du reste, ces sortes de piquantes épigraphes, ces titres ingénieux qui commentent en trois mots le sujet de sa composition. S'il représente le terrible combat que deux cerfs entourés de troupeaux de biches se livrent sur le bord d'un précipice : *Non but the brave deserve the fair* (les seuls braves ont droit aux faveurs de la beauté), écrit-t-il à côté du tableau.

Mais nous venons de nous occuper un peu hors de tour de M. Landseer et du genre de peinture qu'il cultive ; nous étions entraîné par le besoin de parler de son talent, qui le place en première ligne. Il est cependant quelques peintres du genre historique que nous devons encore mentionner. Tels sont l'Écossais Harvey, peintre intéressant de *Shakespeare braconnier* et du *Combat de DrumElog*, William Dyce, qui a tenté de s'élever jusqu'à la grande peinture religieuse, Charles Landseer, peintre de la *Bataille de Langside*, Henri Howard, talent froid et académique, que le caractère de sa composition, savamment calculée, et la nature de ses inspirations, tout-à-fait allemandes, semblent détacher du gros de l'école. *Gentle nymph Sabrina*, l'un de ses meilleurs tableaux, sans être pourtant un chef-d'œuvre, a obtenu ce succès de vogue qu'obtient toujours la correction gracieuse. Comme dessinateur, M. Howard imite surtout Flaxman, mais en l'affadissant ou en le côtoyant de beaucoup trop près. Nous venons de dire que M. Howard se rapprochait des Allemands ; comme eux, il a tenté des compositions purement métaphysiques ou symboliques c'est ainsi, par exemple, qu'à l'aide de personnifications matérielles, il a voulu nous donner une représentation peinte de notre système solaire. Dans ce singulier tableau, les planètes, personnifiées et caractérisées à l'aide d'attributs abstraits ou métaphysiques, forment une espèce de ronde autour du soleil, source de lumière où chacune d'elles viennent remplir leurs urnes. M. Henri Howard, dans un autre tableau astronomique, *le berger chaldéen*, nous montre un pâtre contemplant les étoiles, représentées par autant de belles femmes. M. Howard a en outre exécuté un grand nombre de compositions tirées dit Paradis perdu de Milton.

Quand sir Thomas Lawrence mourut, Wilkie, chef de l'école populaire, peintre de scènes familières dans lesquelles il avait su allier l'intérêt le plus vif, la gaieté la plus aimable et la plus touchante, et même une sorte de dignité, aux incidents les plus vulgaires, Wilkie se trouvait son successeur naturel. Wilkie aimait sincèrement son art ; il lui avait consacré sa vie, sacrifié sa santé, et avait toujours vécu fort retiré, entièrement adonné à l'étude et à la méditation. La mode vint le prendre chez lui ; la critique lui prodigua ses avis, et du Goldsmith des peintres voulut faire un Smollett ou un Walter Scott. Wilkie eut peut-être le tort d'écouter ces conseils ; le peintre de *Sancho Pança*, du *Colin-Maillard* et de *la Saisie des loyers*, tenta de s'élever à la gravité du genre historique, et peignit *Knox* et *Christophe Colomb* [6]. Le poète de *Duncan Grey* et du *Blind-Fiddler* emboucha la trompette héroïque et voulut chanter à sa manière la victoire de Waterloo et l'entrée de George IV à Holy-Rood-House. Puis, comme sir Thomas Lawrence, Wilkie se fit le peintre des grands seigneurs ; mais cette branche officielle de l'art convenait peu à son talent. Il resta donc fort au-dessous de Lawrence, dont il ne put jamais s'approprier le laisser-aller aristocratique et l'exquise dignité. Trop souvent même on retrouve quelque chose du caricaturiste jusque dans ses portraits de personnes royales. C'est ainsi que son portrait du roi George IV en *highlander*, que nous avons vu à Édimbourg, fera toujours naître le sourire, quelque sérieux que Wilkie ait prétendu attribuer au personnage, et si parfaite que soit l'exécution des détails du singulier costume dont il l'a revêtu.

Wilkie, poète de circonstance, a été plus sage ; il a heureusement combiné deux genres et adopté un style héroïque et familier à la fois, dont il a su tirer un merveilleux parti. Ses *Invalides de Chelsea* seraient son chef-d'œuvre, si dans ce tableau la noblesse et l'énergie eussent été en raison de l'animation. Toujours est-il que dans une toile de petite dimension Wilkie s'est montré à la fois peintre national et peintre ingénieux, sachant allier l'éclat du coloris, la science du dessin et l'expression fine et juste. Plusieurs personnages de ce tableau sont vivants et vont vous parler. Le vieillard qui écoute la lecture du bulletin de la bataille en mangeant, l'homme qui allonge la tête hors d'une fenêtre pour entendre, et l'invalide assis à droite et vêtu de rouge, rappellent les plus heureuses créations du peintre écossais. Quelques détails laissent toutefois à désirer. Les carnations des femmes sont trop blafardes, les enfants paraissent soufflés, et les contours de la plupart des figures sont trop sèchement accusés. Wilkie, par une affectation de fini extraordinaire, a souvent gâté ses meilleurs tableaux, qui eussent singulièrement gagné à ce qu'il les laissât à ce qu'il appelait *l'état d'ébauche*.

Ayant fait la part de la critique, nous devons nous empresser d'ajouter qu'il n'est pas un seul personnage de la scène que l'artiste a représentée qui ne soit bien de son pays. Ces hommes carrés et robustes sont de vrais beef-eaters ; ils ont l'allure un peu guindée et la vivacité tant soit peu raide et gourmée de buveurs d'ale et de porter. En un mot, ils sont bien Anglais.

On pourrait faire un éloge analogue des personnages du tableau de Knox. Ce sont bien là des Écossais, mais plutôt des Écossais de notre temps que des contemporains du farouche réformateur. Le personnage de Knox n'a pas non plus la terrible énergie qu'on est en droit d'exiger. Où donc est ce *chagrin superbe, cette indocile curiosité, cet esprit de révolte,* que l'on devrait rencontrer sur le front, dans l'attitude et dans chacun des gestes d'un tel homme ? car c'est là une de ces *âmes hautaines* dont s'empare l'esprit de séduction, *quand Dieu laisse sortir du puits de l'abîme la fumée qui obscurcit le soleil.* M. Wilkie, nous le savons, n'a pas la profondeur de conception d'un Bossuet, et, pour caractériser un réformateur, n'a pu se placer au même point de vue. Cependant sa composition ne manque pas d'une certaine hardiesse pathétique que fait encore ressortir un singulier talent d'exécution, M. Wilkie cette fois ayant su s'arrêter à temps.

Ce peintre, dans les dernières années de sa vie, fut le véritable enfant gâté du public. L'apparition de chacun de ses tableaux était un événement national dont Londres et, par exception, les journaux daignaient longtemps s'occuper, et toujours pour admirer et louer. Nous avons lu toi de ces panégyriques dans lequel on le déclarait supérieur non-seulement à sir Thomas Lawrence, mais à Van-Dyck lui-même dans le portrait, et à Hogarth dans les scènes familières. Wilkie fut avant tout un aimable humoriste, plein de tendresse, de grâce joviale ; mais il y a de ses meilleures compositions à la terrible et profonde gaieté du peintre de la *Fille de joie*, du *Mariage à la mode* et du *Joueur*, toute la distance qui sépare le romancier gracieux, attachant et original, du grand créateur de drames ou du poète épique, Sterne et Goldsmith de Shakespeare, Swift de Milton.

MM. Turner, Martin, Roberts et Danby, ces peintres si essentiellement anglais et pères du genre que l'on appelle *fantastique*, se placent naturellement à la suite des peintres du genre historique. Tous quatre se sont attachés à reproduire, dans des cadres de moyenne dimension, des compositions colossales où figurent un nombre infini de personnages, s'occupant plutôt de l'effet saisissant de l'ensemble et de l'étrangeté du premier aspect que de l'agrément et de la pureté des lignes et de la correction des détails. M. John Martin est certainement le plus original de ces quatre peintres, et celui dont les compositions, tout incorrectes qu'elles soient, s'emparent le plus vivement de l'imagination du spectateur. M. Martin cependant n'a fait que suivre, en l'élargissant, la route que M. Turner avait ouverte. Quelques tableaux de ce dernier, *Annibal passant les Alpes*, et la *Fondation de Carthage*, par exemple, mais surtout le tableau des *Plaies d'Égypte*, ont dû exercer une puissante influence sur la nature du talent de M. Martin, qui s'efforça seulement de donner plus de grandiose et de poésie à des compositions analogues en y jetant ce quelque chose de vague et de fantastique, plus facilement senti que défini, qui cependant ne rappelle que d'une manière bien éloignée la forte et concise poésie des livres saints.

M. Turner avant tout est grand paysagiste ; il s'appuie plus volontiers que M. Martin sur la nature, et ses tableaux n'ont aucune de ces fautes de proportion soit dans l'ensemble des groupes, soit dans les personnages pris isolément, qui choquent quelquefois dans ceux de M. Martin. Moins poète et plus vrai, M. Turner sait peindre, ce que M. Martin ignore. Ses tableaux, satisfaisants comme tableaux, sont toujours supérieurs aux gravures qu'on en

Les Arts en Angleterre

a faites, surtout ceux de sa jeunesse, car depuis quelques années M. Turner s'est jeté dans la bizarrerie et l'affectation. Les tableaux de M. Martin sont toujours inférieurs à ses gravures ; le ton local en est lourd et conventionnel, et les détails se confondent dans ces couches de bitume et d'ocre où il les noie.

MM. Roberts et Danby, peintres de talent sans aucun doute, pèchent par le plus grand de tous les défauts : ils imitent, je dirais presque qu'ils copient. C'est à la suite de M. Martin qu'ils se sont mis.

M. Turner exclusivement paysagiste est de beaucoup supérieur à M. Turner, mêlant le paysage et le genre. Il a compris la nature d'une façon naïve et poétique à la fois. A l'imitation de Claude Lorrain, il s'est fait le peintre du calme, de la lumière et de l'espace. Avec plus de précision, de fini dans les premiers plans, et en évitant certains empâtements blafards et crus, il eût pu se placer non loin de cet immortel interprète de la nature ; je parle toujours du Turner d'autrefois, car, nous l'avons dit, depuis que cet artiste peint de pratique et donne dans la bizarrerie et la mignardise, il a vu rapidement décliner son talent ; aujourd'hui M. Turner se survit.

En Angleterre, on aime la nature, et l'amour qu'on lui porte va jusqu'au respect. Ce respect et cet amour ont gagné peu à peu toutes les classes de la nation. Le propriétaire du plus petit *cottage* se garderait bien de mutiler le bel arbre jeté sur la pelouse de son jardin, sous prétexte de changer sa forme et de l'embellir. Il sait que cet arbre ne doit sa beauté qu'à son ensemble complet et libre ; il sait cela confusément peut-être, mais enfin il le sait. Jamais vous ne le verrez la serpe à la main corriger les caprices de la nature, et mutiler la branche qui s'égare. Dent et Brown, ces grands paysagistes dans leur genre, développèrent et popularisèrent ce goût raisonné pour les beautés de la nature en dessinant les magnifiques parcs qui entourent les habitations de l'aristocratie anglaise. Les hommes qui chaque jour avaient sous les yeux de charmants points de vue, de beaux tableaux naturels, furent nécessairement difficiles sur les portraits de cette même nature que l'art pouvait leur offrir. Ils les voulurent naïfs, sans apprêt, et cependant poétiques. C'est à ces prédilections nationales que l'art du paysage doit en Angleterre ses plus précieuses qualités. MM. Turner, Calcott, Lee, Stanfield, Harding, Constable, Fielding et bien d'autres que nous pourrions encore nommer, ont vraiment compris la nature, et l'ont interprétée avec un sentiment poétique des plus rares, quelquefois aussi avec trop de largeur, de laisser-aller et un mépris trop souverain de la partie technique et matérielle de l'art, du métier en un mot, ne s'occupant que des grandes masses, négligeant tout détail, distribuant la couleur sur la toile par larges empâtements que la truelle plutôt que le pinceau semble avoir étendus, tant le coloris est terne, tant l'aspect du tableau est rugueux, et lourd. Le *métier* fait cependant le charme de certains tableaux, des tableaux de l'école hollandaise par exemple ; et ces mêmes paysagistes anglais dont nous critiquons les imperfections comme peintres à l'huile l'ont poussé à une rare perfection dans leurs peintures à l'aquarelle, ils doivent au *métier* seul leurs étonnants succès dans ce genre. Pour ma part, je préfère, et de beaucoup, les grandes aquarelles des Turner, des Fielding, des Stanfield et des Harding, à leurs peintures à l'huile, trop souvent négligées. Ces artistes, auxquels nous devons joindre MM. Callow, Girtin, Cattermole, Prout, Glover et Valey, ont porté ce genre, en apparence si borné, à une hauteur inattendue, et cela au moyen des procédés les plus ingénieux et en même temps les plus chanceux, car, ils l'avouent eux-mêmes, il y a beaucoup de hasard, même dans l'exécution de leurs meilleurs ouvrages. A l'aide d'un habile emploi de la gouache, ils ont donné à l'aquarelle une solidité qu'elle n'avait pas, et ont accru, s'il est possible, la transparence et la suavité de ses teintes si délicates. Nous savons bien que l'on peut reprocher à quelques-uns de ces artistes, à MM. Turner et Copley-Fielding entre autres, une imitation par trop littérale des chefs-d'œuvre de Claude Lorrain, surtout dans les couchers de soleil ; mais leurs larcins sont si habilement dissimulés, et l'assimilation est si parfaite, que l'on oublie et que l'on admire. Il y a loin sans doute de ce genre secondaire à la grande peinture ; cependant la perfection dans les arts est si rare, qu'il faut savoir l'apprécier partout où elle se rencontre.

Sir Thomas Lawrence, en mourant à l'apogée de la gloire, de la fortune et du talent, avait laissé à ses successeurs, MM. Philips, Pickersgill, Ballantyne, Eastlake et Hayter, une rude tâche à remplir. Les deux premiers ont soutenu, avec assez de bonheur, la gloire de cette école aristocratique fondée par Reynolds et continuée par Lawrence leur maître. Peintres de la haute société anglaise, ils ont su, à l'exemple du maître, conserver à chacun de leurs personnages ses mœurs, son port, ses habitudes même, tout en l'entourant de cette atmosphère de poésie officielle, à l'aide de laquelle les peintres de la Grande-Bretagne se sont plu à caractériser ce genre de supériorité sociale que donnent la naissance ou le génie. Les portraits de M. Alexandre de Humboldt et de l'évêque de Salisbury, par M. Pickersgill, sont, après la collection de personnages qui figurent dans la salle de *Waterloo* à Windsor [7], les exemples les plus frappants que nous connaissions de cette manière exclusive, et quelque peu factice, d'exprimer certaines nuances sociales. Les portraits de M. Eastlake, d'un beau coloris vénitien, et rappelant toujours Giorgion, sortent de ce moule uniforme, mais, par l'exécution et par l'ajustement un peu affecté des personnages, nous reportent trop dans le XVe siècle ; le beau portrait de mistress Wickam fait exception à cette critique. Quant à M. Hayter, le peintre officiel de la reine, la grande réputation dont il jouit nous paraît quelque peu usurpée. M. Hayter serait un charmant peintre d'*annuals* s'il avait un sentiment juste de la couleur. Malheureusement on peint faux comme on chante faux ; la touche détonne comme la voix, et l'œil est blessé comme l'oreille de certaines discordances : ce sont ces fausses notes en peinture que M. Hayter ne sait pas ou ne peut pas éviter.

Puisque nous venons de parler des annuals ou keepsake, nous ajouterons que les publications de ce genre sont aujourd'hui la grande plaie de l'école de peinture anglaise, qu'ils doivent perdre, comme ils ont à peu près perdu la gravure. Les Anglais sont les peintres de l'effet, ils excellent dans tout ce qui exige du calcul et de l'adresse mécanique, mais cette habileté matérielle, ils l'appliquent aujourd'hui trop uniformément à l'art. Le pays où l'on a su tirer un si merveilleux parti du noir et du blanc, où l'on a poussé la science de l'effet jusqu'aux dernières limites du possible, où l'on pourrait dire de chaque artiste ce qu'un critique ingénieux a dit de Rembrandt, voulant caractériser son talent, *per foramen vidit et pinxit*, ce pays n'est pas destiné à voir fleurir longtemps l'art de la peinture. A l'instar de l'art chinois, la peinture anglaise tend à se spécialiser, elle tourne à l'industrie en faut-il plus pour éteindre dans le cœur de ceux qui la cultivent jusqu'à la dernière étincelle de génie ?

Des critiques nationaux, effrayés de ces symptômes de la décadence de l'art et de sa vénalité tout industrielle, en ont recherché les causes. Les uns, comme M. Shee, ont cru les trouver dans l'indifférence du gouvernement ; d'autres, dans l'absence ou dans la mesquinerie du patronage individuel ; ceux-là, enfin, moins patriotes, dans une sorte d'infirmité naturelle à la nation, qu'ils accusent presque d'impuissance. A notre avis, le mal n'est pas là, il est dans la tendance vicieuse que suivent la plupart des artistes, faiseurs de tableaux plutôt que peintres ; il est dans cette déplorable faiblesse avec laquelle ils se résignent à accepter un rôle indigne d'eux. Au lieu de former le goût du public à force de talent et de le contraindre à venir à eux, ils vont au publie, se soumettent à ses caprices passagers et au mauvais goût du moment. On imaginerait difficilement jusqu'à quel point, pour se défaire de leur pacotille annuelle, certains de ces industriels se laissent aller à flatter les fantaisies dépravées de la foule. Le mal réside surtout dans les tendances matérialistes de l'époque. Ces tendances anéantissent non-seulement le talent et l'art, mais encore la critique : ses principaux organes passent successivement à l'ennemi, et, en fait d'art, ne s'occupent guère que des arts mécaniques. C'est ainsi que la *Revue des Arts*, que dirige M. Newton (*Repertory of Arts*, etc.), a tout-à-fait abandonné les arts du dessin pour ne s'occuper que d'inventions, de brevets et de machines. Quelques petits journaux littéraires du second ordre, l'Atheneum, le *Court Journal*, etc., donnent seuls encore quelques nouvelles des arts, et jugent, mais fort superficiellement, les exhibitions annuelles.

Cette manie industrielle, cette activité commerciale qui s'empare d'une nation entière, qu'elle prive de tout loisir, est ce qu'il y a peut-être de plus contraire au développement des beaux-arts, dont elle assimile les produits à ceux de toute autre industrie. Il arrive un moment où livres et tableaux se font à l'aide de procédés purement mécaniques et se vendent les uns au poids, les autres à la toise. Les Anglais en sont venus à peu près là. Un tableau, pour le gros du public et particulièrement pour la classe bourgeoise, n'est plus qu'un objet d'ameublement qui, tout en remplissant certaines conditions matérielles, comme celle de flatter l'œil par de belles couleurs et d'être entouré d'un beau cadre bien doré, doit être exécuté dans un temps donné et livré au meilleur compte possible [8].

Que l'on s'étonne maintenant de la rapide décadence de l'art dans ces dix dernières années. L'aveuglement de la critique, qui partage ces travers du jour qu'elle devrait combattre, qui flatte le mauvais goût régnant s'il prospère, et qui songe avant tout à caresser l'amour-propre national, achèvera sa ruine. Au lieu de répéter aux artistes de Londres qu'en dépit des rivalités de Paris et de Munich, ils ont porté l'art tout aussi haut qu'ailleurs, et de citer comme preuve de cette supériorité artistique le grand nombre de peintres [9] et le prix élevé qu'on paie leurs tableaux ; la critique remplirait plus noblement la haute mission qu'elle s'est attribuée, et se montrerait vraiment fidèle à ses devoirs, en combattant la pernicieuse influence du matérialisme régnant, en exhortant les artistes à secouer le joug funeste de la mode. Il faudrait que ceux qui se constituent leurs juges fussent francs avec eux, et que, tout compatriotes, tout anglais qu'ils sont, ils reconnussent leurs défauts et ne craignissent pas de les leur montrer. Un des plus grands génies des temps modernes l'a proclamé du haut de la chaire : « Les mauvais succès sont les seuls maîtres qui peuvent nous reprendre utilement. » Dans l'intérêt de l'homme de talent lui-même, il faut donc savoir mettre le doigt sur ses imperfections, au lieu de les voiler complaisamment. « Les plus expérimentés font des fautes capitales, » ajoutait le grand orateur ; cette pensée adoucira toujours les blessures de l'amour-propre, si aisément cicatrisées.

« Essayez de rabaisser le génie, il se relèvera comme un géant ; tentez de l'écraser, il se montrera un dieu. » Ces paroles de M. le professeur Haydon, dont nous avons apprécié les ouvrages, et que cite complaisamment M. Bulwer, adversaire déclaré des influences académiques, doivent rendre la critique plus confiante et lui ôter tous vains scrupules, certaine qu'elle est de ne porter de coups mortels qu'à la médiocrité. Maintenant, en admettant d'un côté une critique franche et forte qui ne ménage pas les vérités nécessaires, et de la part des artistes le parti bien pris de secouer la tyrannie de la mode et de remonter aux grands principes, c'est-à-dire à l'étude des beaux modèles de l'antiquité, des grandes écoles modernes, et à l'étude de la nature, existe-t-il pour l'école anglaise de véritables éléments d'un grand succès ? Si l'on faisait de la réussite dans les arts une question absolue de latitude et de climat, nous répondrions négativement ; mais cette influence du climat, les Hollandais l'ont fait mentir. Malgré leurs brouillards et en dépit du tempérament phlegmatique des individus, ils ont eu de grands peintres, complets et originaux dans leur genre. Pourquoi l'Angleterre contemporaine n'en aurait-elle pas qui puissent rivaliser avec eux plus victorieusement encore que les Reynolds, les West, et même Wilkie, Martin, Turner et Lawrence ?

Par leurs mœurs sérieuses et prudentes, par leur apparence de force et de santé, par la prédominance du tempérament athlétique chez le plus grand nombre des individus, d'où provient sans doute ce reste de respect pour la force physique que l'on rencontre même dans les classes supérieures de la société, les Anglais sont plus près que nous de la nature et du beau idéal, tel que le comprenaient les anciens. La physionomie du peuple manque, sans doute, de cette expression pleine de finesse et de vivacité, j'ajouterai presque d'intelligence extérieure, qui distingue leurs voisins du continent, que quelques degrés seulement rapprochent du sud, et qui caractérise si nettement les peuples de l'Italie. En revanche on rencontre chez eux, à chaque pas, des femmes qui, par leur air de grandeur et d'énergie calme, rappellent la Niobé ou la Pallas de Velletri ; des jeunes gens qui, par leur puissante stature, l'expression régulière et douce de leurs traits, nous font penser au *Méléagre*. En Angleterre, la beauté des adolescents a quelque chose d'inimaginable et presque de surnaturel. La pureté angélique des contours de leurs visages, la régularité de leurs traits, l'éclat éblouissant de leur teint que, grâce à l'admirable transparence de la peau, une rougeur vraiment divine colore à la moindre émotion, l'expression de candeur et d'innocence de leurs beaux yeux bleus que voilent de longs cils recourbés, toutes ces perfections de détail, concourant au plus gracieux ensemble, sont pour l'étranger surpris autant de sujets d'admiration. Que l'apparence de la méditation, ou, si l'on aime mieux, cet air pensif commun aux enfants du Nord, se combine avec ces éléments de beauté singulière, et l'on arrive à une sorte de perfection idéale que le fameux portrait de sir Thomas Lawrence, *le jeune Lambton*, ne nous révéla qu'imparfaitement il y a quinze ans. Cette rare perfection de la forme n'est-elle pas une des conditions les plus favorables au développement de l'art

Les Arts en Angleterre

véritable, dont elle sert si puissamment les inspirations ? Il nous semble qu'elle doit singulièrement favoriser la découverte de ce beau idéal propre aux nations septentrionales que la *Strawberry-girl* de Reynolds, et le portrait du *Jeune Lambton*, de Lawrence, nous ont fait en quelque sorte pressentir. C'est dans cette voie nouvelle que l'école anglaise contemporaine, renonçant à ce laisser-aller facile et à l'afféterie qui la perdent, devrait s'engager. Une fois dans le bon chemin, la volonté de réussir et l'esprit de suite, ces qualités caractéristiques de la nation, viendraient à son aide et lui garantiraient d'éclatants succès. Que tant d'hommes de talent, doués, comme praticiens et coloristes, de si séduisantes qualités, au lieu de se lancer dans d'aventureuses combinaisons d'effet, ou de s'attacher à une puérile imitation des écoles italiennes, espagnoles ou flamandes, regardent attentivement autour d'eux et combinent le résultat de leurs observations ou l'étude de la nature avec l'étude de l'antique et des grands modèles : nous leur prédisons une gloire, moins bruyante peut-être, mais plus durable que celle que dispense la mode.

Nous pourrions adresser aux sculpteurs des conseils analogues, nous pourrions leur recommander, avant tout, de se défier de la banalité qui, chez les Anglais, semble envahir cette branche de l'art. La statuaire est soumise à des règles plus positives que la peinture ; les défauts de proportion y sont plus choquais, et l'à peu près n'y est pas toléré. Les statuaires anglais, ne pouvant se permettre les mômes licences que les peintres, ont donc un caractère d'école moins original et moins tranché, et leurs productions rentrent pour la plupart dans le moule commun aux autres écoles européennes. M. Nollekens, auteur du tombeau d'une jeune femme morte en couches, des bustes de Fox, de Pitt, de Canning et de toutes les célébrités de son temps, suivit d'une manière un peu timide le mouvement que Flaxman, son contemporain, avait imprimé à la statuaire anglaise. M. Nollekens est l'auteur de plusieurs statues dans le style antique ; mais ses Vénus, ses nymphes et ses déesses manquent absolument de ce caractère de naïveté et de grandeur qui distingue les moindres productions du grand artiste à la suite duquel il s'était mis. MM. Chantrey, Gibson, Campbell, Westmacott et Baily ont suivi les mêmes errements. M. Chantrey, que son fameux groupe d'enfants endormis de la chapelle de Lichtfield, et sa belle statue de lady L. Russel, ces monuments funéraires d'un style si simple et si touchant, placèrent du premier coup à la tête de l'école, anglaise, possède toutes les qualités d'un grand statuaire ; mais soit qu'il ait accepté des travaux trop nombreux et méconnu ses forces, soit que la fougue de son tempérament et l'activité de son esprit l'entraînent au-delà des bornes, et ne lui permettent de rien achever, tous les ouvrages qu'il a produits en dernier lieu, tombeaux, groupes, statues et bustes que nous avons été à même de voir, nous ont paru incomplets, souvent même dégrossis à peine par le praticien. M. Gibson, qui a commencé par être sculpteur en bois, et qui depuis a étudié l'antique dans les galeries de Rome, est plus consciencieux et plus châtié que M. Chantrey, mais il n'a pas sa verve. Quelques critiques anglais l'ont néanmoins proclamé le premier des statuaires nationaux. M. Gibson n'a de national que le nom ; ses procédés comme artiste sont tout italiens. Émule un peu froid des Bartolini et des Tenerani, il nous paraît avoir donné dans le défaut commun aux statuaires de l'école de Canova il cherche la grâce dans la rondeur des formes, et fait résider la majesté dans la froideur, je dirais presque dans l'insignifiance de la ligne.

La plupart des autres statuaires dont nous venons de citer les noms, et, en général, tous les statuaires de l'école anglaise, ne sont guère que des faiseurs de bustes plus ou moins habiles ; et s'ils entreprennent une statue, il est plus que probable que cette statue sera encore un portrait : la manie du portrait s'est emparée de l'Angleterre, où chaque citoyen veut avoir son image reproduite sur la toile ou avec le marbre. M. Baily, qui débuta par un beau groupe d'une femme endormie tenant un enfant qui se presse sur son sein, est le plus en vogue de ces faiseurs de portraits. Il a tenté d'élever le genre jusqu'à la hauteur d'œuvres monumentales. On nous assure que les statues colossales de sir Pultney Malcom et de sir Astley Cooper, qu'il vient d'achever, ont atteint le but qu'il s'était honorablement proposé. Nous le souhaitons. M. Baily paraît avoir hérité de la popularité de M. Chantrey : espérons qu'il évitera le déplorable abus du talent auquel cet artiste s'est abandonné.

Nous ne dirons qu'un seul mot de l'architecture chez les Anglais, c'est qu'il est incroyable que, dans un pays où l'on alloue jusqu'à un million sterling (25 millions de francs) pour la construction d'un édifice, cet art soit tombé à l'état d'entreprise et de métier où nous le voyons aujourd'hui. Nous concevrions encore qu'obéissant au matérialisme de l'époque, les architectes aient pu souvent sacrifier la grandeur et l'élévation du style à la convenance ; mais cette convenance elle-même ne se retrouve nulle part, pas plus dans les édifices religieux du style pointu (*pointed style*) que dans les maisons particulières en carton brique, ou dans ces villa couronnées de créneaux et flanquées de bastions et de tourelles du genre crénelé (*castellated style*). M. Bulwer a fort bien dit en raillant que tous ces édit ces mesquins qui bordent les énormes rues de Londres, et qu'on croirait tous coupés par le milieu, semblent consacrés à saint Denis après sa décapitation. Cette critique peut être juste, mais que répondre aux architectes qui rejettent ce défaut de proportion si choquant sur le vice et la pauvreté des matériaux ? « Vous voulez ajouter un attique à votre jolie maison à colonnes, disait l'un d'eux, je le veux bien, mais je ne puis plus répondre de la solidité : d'un jour à l'autre, la maison pourra crouler. »

Londres est peut-être la ville où l'on a le plus bâti depuis un quart de siècle, et où, proportion gardée, on ait fait le moins de grandes choses. Nous verrons si, à l'aide du million sterling qui lui a été alloué, M. Barry, l'architecte du nouveau palais du parlement, mènera sa grande entreprise à une noble et heureuse fin. Nous verrons si, comme ses compatriotes se plaisent à le croire, il saura réunir, dans ce monument national par excellence, ces conditions de convenance, de solidité et d'élégance auxquelles ses confrères de Londres ont dû renoncer de gré ou de force. Nous devons le reconnaître, les plans que nous avons été à même d'examiner sont d'assez favorable augure. M. Barry a sagement renoncé à ce faux style grec si mal à propos introduit en Angleterre par le fameux Stuart. Il s'est, avant tout, inspiré des monuments nationaux depuis le temps des Saxons jusqu'au XVIe siècle, et il a tenté assez heureusement d'allier la légèreté du gothique à la solidité et à la régularité florentine. Sans rentrer absolument dans le vieux style anglais dit des Tudors, M. Barry, on le voit, à l'exemple de quelques-uns des architectes d'Édimbourg, a abandonné les errements de l'école moderne pour reprendre la tradition de l'art où Inigo Jones et les grands architectes du XVIe siècle l'avaient laissée. La principale façade du nouveau palais du parlement doit regarder la Tamise, et n'aura pas moins de douze cents pieds de développement. Nous craignons que M. Barry n'ait adopté pour cette partie de l'édifice des divisions par trop symétriques, et qu'il n'en résulte une sorte d'uniformité peu compatible avec le caractère de l'architecture du monument. Les faces latérales et la façade découpée qui regarde Westminster nous semblent rentrer davantage dans les conditions du style gothique. L'édifice devant être de proportion gigantesque, les innombrables détails de son revêtement, loin de l'écraser, seront au contraire du plus heureux effet. Attendons toutefois l'achèvement de cette œuvre immense pour proclamer, ainsi que les critiques de Londres le font déjà, M. Barry le premier des architectes contemporains et le digne héritier d'Inigo Jones et de Christophe Wren.

Un ingénieux écrivain, H. Waagen, directeur du musée de Berlin, assure à diverses reprises, dans un ouvrage qu'il a publié sur la situation des beaux-arts en Angleterre [10], que l'unique cause de l'infériorité des écoles d'architecture et de peinture de la Grande-Bretagne, c'est d'avoir commencé par où les autres ont fini, c'est-à-dire par une trop grande liberté de manière et d'exécution, et de n'avoir jamais su être précises. Nous croyons cette observation de M. Waagen entièrement fondée, et, sans renvoyer, comme il le fait, les artistes de l'Angleterre à l'étude exclusive des vieux maîtres allemands ou italiens des premières époques, nous leur répéterons de nouveau : Consultez la nature, étudiez l'antique, et par-dessus tout évitez l'à peu près.

Notes

1. L'Académie royale, fondée pour l'encouragement de l'art, a vu la plupart des peintres et des sculpteurs contemporains de quelque talent échapper à son influence et se former en dehors de sa direction. Sir Thomas Lawrence ne put être admis dans ses écoles lorsqu'il passa l'examen de rigueur ; le docteur Monro dirigea les études de Turner ; l'Académie ne compte au nombre de ses élèves ni Martin, ni Danby, ni Stanfield, ni Bonington. Les sculpteurs Flaxman, Chantrey et Gibson furent également étrangers à ses leçons : Flaxman étudia sous son père, Chantrey commença par être sculpteur en bois à Sheffield, et Gibson décorait des proues de

vaisseaux à Liverpool. On reproche à l'Académie royale de Londres un esprit d'exclusion et de jalousie qui réduit le rôle de cette institution à celui d'une coterie. Si l'on en croyait ses détracteurs, son influence se serait bornée à étendre le cercle d'une respectable médiocrité. Voyez dans Bulwer (l'Angleterre et les Anglais) le caractère de son Gloss Crimson, membre de l'Académie royale.

2.   The Lives of the most eminent British painters and sculptors, by Allan Cunningham.

3.   Anecdotes de Peinture.

4.   Les deux expositions de peintures à l'aquarelle (water colour drawings) ont lieu chaque année en mai.

5.   Le prix d'entrée de chacune de ces exhibitions, et même des salles de l'Académie royale, est d'un shilling ; l'exposition de l'Académie royale a produit annuellement jusqu'à 6,000 livres sterl. (150,000 fr.)

6.   Christophe Colomb développant ses projets de découvertes dans le couvent de la Rabida. Christophe Colomb est bien convaincu ; ses auditeurs m'ont semblé trop curieux et pas assez incrédules.

7.   Les portraits de sir Thomas Lawrence à Windsor sont au nombre de dix-huit. Les plus remarquables sont ceux du pape Pie VII, du cardinal Gonsalvi, de Blücher et du prince de Metternich. Allan Cuninngham cite environ deux cents portraits de ce peintre, qui a laissé, en outre plusieurs compositions historiques.

8.   M. Raczynski a calculé que dans l'année 1838 mille artistes anglais avaient exposé trois mille cent quatre-vingt-deux ouvrages d'art, et cela dans Londres seulement.

9.   Écoutons plutôt l'aveu de l'un des premiers critiques du jour en Angleterre « Un courtier de locations, montrant il y a quelque temps une maison à louer à l'un de mes amis, en faisait un éloge magnifique qu'il acheva dans ces termes : Ce n'est pas tout, monsieur ; quand on aura achevé de décorer le salon avec de beaux rideaux rouges et douze beaux tableaux meublants, il n'y en aura pas un pareil dans tout Londres. Les tableaux lui paraissaient indispensables comme les rideaux rouges. » Ce qu'il y a de curieux, c'est que M. Bulwer considère cette production de tableaux meublants comme un moyen légitime d'encourager l'art

et d'en répandre le goût.

10. Les Artistes de l'Angleterre et de la France et leurs productions, par M.C.F. Waagen. Berlin, 1827-1839.

ISBN : 978-1725674684

www.ingramcontent.com/pod-product-compliance
Lightning Source LLC
Chambersburg PA
CBHW070944220526
45469CB00007B/2504